La belleza es verdad y la verdad belleza.
Es todo lo que necesitas saber en la tierra.

John Keats

Senté
a la belleza
para injuriarla,
pero ebria y sorda se ha dormido
en mis rodillas.

Tomás Salvador González

© Luis Gonzalo Díez, 2024

Dirección editorial:	Héctor Escobar
Director de la colección:	Gustavo Martín Garzo
Fotografía de cubierta:	José Ramón Vega
Diseño de la colección:	Miguel Riera
Maquetación:	Alberto R. Torices

ISBN: 978-84-10057-17-3

Dep. Legal: Le. 29-2024

Impreso en España — Printed in Spain

Luis Gonzalo Díez
La belleza del **recuerdo**

De la belleza (13)

Luis Gonzalo Díez

La belleza del **recuerdo**

EOLAS EDICIONES

ÍNDICE

Hay objetos en algunos escaparates con los que jamás jugará un niño, y que, sin embargo, son capaces de hacer soñar a generaciones enteras.

Simenon

I

NOCHE DE REYES

L A Noche de Reyes es un primer exilio, una primera singladura por todo aquello que terminaremos perdiendo. Durante el silencio de la espera, en la antesala del descubrimiento de un mundo de juguetes, solo se oye una murmuración, como un quejido de cuerpos yacentes que respiran a través de la infancia.

Nada más nítido para el niño que duerme y espera que la presencia de sus padres al otro lado de la casa, en la otra orilla del duermevela. Presiente el sueño de los padres y ausculta cada estertor, carraspeo o movimiento. Es todo oídos pues, en aquel presentimiento, inseparable de él, radica la sospecha de que los Reyes no existen.

Poco a poco, la luz del amanecer se filtra entre el sueño y la vigilia. A esas alturas de la inquietud y la sospecha, no existe clavo al que aferrarse. Cualquier mentira piadosa que el niño se cuente a sí mismo en la soledad de su lecho no bastará para calmarlo. Si nadie se ha movido y los Reyes no existen —puede dar testimonio de que sus padres han dormido como benditos—, la conclusión desalentadora y terrible es que no habrá juguetes en el salón, y que la esperanza de jugar con ellos mirando con condescendencia a los padres orgullosos de su secreto se irá a pique.

Son esos últimos instantes antes de la epifanía, que bien podrían caracterizarse como los pasos sonámbulos de alguien que se dirige al cénit de su vida o al nádir de su ilusión, los más difíciles de sobrellevar. El niño se retuerce ensimismado, abate fantasmas invisibles, se cobra con la fuerza de su pequeña, mas desesperada voluntad piezas que impregnan de mensajes equívocos la atmósfera del duermevela. Entre tantas asechanzas como se ciernen sobre él en esos minutos interminables, ninguna despunta con tanto brillo como la premonición de una súbita ausencia, de una pérdida irremediable. El niño se siente inclinado a imaginar, en el postrer instante antes de que su padre finja despertarle, que algo así como un telón de acero ha caído entre su habitación y la de sus progenitores.

Puede que la Noche de Reyes sea el primer exilio porque fue, durante ella, cuando el niño tomó conciencia de que todo tiene en la vida su cara y su cruz. Es decir, que, en las cosas decisivas, como es aquella en la que uno juega a transgredir la esperanza de que existan los Reyes con el temor a que los padres pertenezcan a otro mundo que ya nunca será el suyo, la cara del entusiasmo se conjuga con la cruz de la pesadumbre. De tal modo que, durante toda una noche, la rueda de la fortuna enseña al niño tantas posibilidades que ninguna de sus ascendentes y descendentes emulsiones detiene dicha rueda en un punto de equilibrio, en un nivel donde quepa decir: *así son las cosas, este es el mundo*.

Por eso, la aceleración del sueño en el tramo final del mismo, cuando el amanecer empieza a ser algo más que una fiebre dulce y anhelada, pinta en las primeras luces del alba un cuadro que desmiente aquella dulzura y anhelo. Con la luz, no llega la calma, sino el agudo sentimiento de un salón despoblado, del que los juguetes huyeron antes de haber sido diseminados astuta y cariñosamente por él.

Si los Reyes no existen, y los padres se hallan expatriados en un mundo que hace ya mucho dejó de ser el infantil, qué otro color que no sea el del desconsuelo adoptarán los ásperos juegos que el niño no tendrá más remedio que afrontar con cara de pocos amigos. Jugar tras la Noche de Reyes una vez que se ha reconocido en esta que ni las cosas, ni el mundo son de fiar invade la conciencia con pensamientos desangelados e inexpresables, con un peso o angustia insonoros, pero intensos, con la delgada capa de irrealidad que, a partir de entonces, cubrirá las propiedades más sólidas, las posesiones más seguras.

Quién sabe si el niño no intuirá, según se aproxima el postrer instante de la Noche de Reyes, todo lo que le acontecerá en su vida, como si la rueda de la fortuna le hubiese hecho depositario del vértigo de sus azares, de las trepanaciones de su inconstancia. Veleidosa mujer que, a diferencia de la ocasión, pasa por nuestro lado sin que podamos hacer ni tan siquiera la tentativa de agarrarla por los pelos. La fortuna gobierna la vida de tal modo que las cosas nunca terminan de ser lo que son, ni del mundo cabe predicar ningún atributo perenne.

En la Noche de Reyes, el niño aprende, en fin, que las aguas de un río no pasan nunca por el mismo sitio. Todo se degusta una vez, una sola vez, y los recuerdos, como juguetes que nunca existieron, no serían más que ese chispazo por virtud del cual, quizás, los dos mundos que se hallan incrustados en su divisoria puedan volver a ensamblarse. Aunque también debe subrayarse que, más allá de esa cara amable y bonancible de los recuerdos como ensambladores de lo efímero, estos emergerán de la mente del niño tocados por la conciencia de un primer exilio, como si el mismo brotar de la memoria fuese ya la confirmación necesaria de una ausencia que nada ni nadie podrán reparar.

II

DOS ISLAS

Cuando aún se iba al cine por las tardes, mi padre nos llevó a mi hermano y a mí a ver una película titulada *América, América*. En ella, se cuenta la historia de una huida, de una fuga, de una obsesión. La de un joven griego al que su amigo armenio, mal visto por los turcos, le habla de América, de las montañas de ese país, de sus ciudades.

Basta esa insinuación para provocar en el joven una deflagración que le llevará a persuadir a su familia de la necesidad de irse de Anatolia, un mal lugar para vivir a comienzos del siglo XX si uno pertenecía a la minoría griega o armenia.

La película cuenta el peregrinaje del muchacho, las vicisitudes del mismo, las extorsiones y robos que padece dada su ingenuidad y falta de experiencia, como la de aquel barquero que le ofrece cruzar el río y que, a mitad de la travesía, le amenaza con hundir la barca si no le da una importante suma de dinero. También la de un pícaro bandido de greñudas barbas y ojos negros y retorcidos que se le junta como un parásito y le convence, en nombre de la amistad que les une, para correrse juntos grandes juergas bien surtidas de manjares y amor venal, con la condición de que el pícaro invita, pero el joven paga.

Finalmente, llegará a Constantinopla, donde debe ver a un familiar con la promesa de un empleo en su negocio. Sin embargo, la obsesión sembrada por su amigo armenio, que fue asesinado finalmente por los turcos, ante los que siempre se mostró orgulloso y desafiante, le seguirá devorando por dentro como una lombriz solitaria que no termina de expulsar. El tío, a la vista de sus reiterados incumplimientos, se resigna a que salga de su casa y abandone el trabajo que le había ofrecido generosamente, y el joven, tras marcharse, se ve obligado a trabajar como cargador en los muelles y en otros oficios para pagarse el pasaje a Nueva York.

En los muelles, es donde contemplará por primera vez los barcos que parten del puerto de

Constantinopla en dirección a los Estados Unidos, y a esos capitanes, oficiales y marineros de porte distinguido que saben lo que es vivir a caballo entre dos mundos y atravesar el océano.

El joven, casi desfallecido de tanto trabajar, tanto ahorrar, y tan poco comer y dormir, se verá envuelto por mediación de su tío, que no lo había olvidado, en una relación amorosa con la hija mayor y no muy agraciada de una extensa familia, rica y unida. Su entrada en esta le descubrirá un paisaje ideal formado por tíos bonachones, mujeres buenas y entregadas al bienestar familiar, hermanas admiradas del exótico atractivo de un varón que luce traje y corbata por primera vez, un padre orondo y, en principio, desconfiado que, desde muy pronto, dado el amor que profesa a su primogénita, ofrecerá un destino de confort inimaginable a su futuro yerno y una novia que suple su falta de atractivo con un amor sincero e inteligente.

El hogar ideal, la familia ideal, el matrimonio ideal. Una atmósfera de largas sobremesas tras comidas bien servidas y regadas en las que el padre y sus hermanos, arrellanados en mullidos sillones, invitan al joven a que se desabroche los pantalones para tener una buena y soñolienta digestión. Y en las que las mujeres de la casa cotillean la conversación de los hombres mientras les sirven té, café y todo tipo de licores.

Pese a este paisaje de un porvenir desahogado y benévolo, el joven se siente inquieto y perturbado. Sus inexplicables desapariciones antes de la boda, que tienen a su prometida desconcertada, terminarán un día con la confesión del novio distante a la novia sumisa. En una oscuridad vespertina que solo permite percibir la cara febril del joven y temerosa de la muchacha, el primero le confesará a la segunda lo que le quema por dentro. Él tiene un fin en la vida: irse a América, trabajar en cualquier cosa y llevarse a su familia con él en cuanto pueda ahorrar el dinero para los pasajes. Su novia le comprende, asume la obsesión que le devora, se resigna a la inevitable separación.

Contra una vida confortable, el joven apuesta por otro ideal, que ya no se basaría en el placer, sino en el sacrificio, la pobreza y el desasosiego. Al llegar a Ellis Island entre un grupo de limpiabotas, será bautizado como Joe.

*

RENUNCIAR a lo fácil para emprender lo difícil constituye un arquetipo del ser humano que contamina la vida de un niño de arriesgadas imaginaciones. Tras aquellas tardes de cine, en el Capri y en el Granada, se volvía a casa envuelto en sensaciones desapacibles que proyectaban sobre el barrio un aura extraña e inquietante.

Uno se atrevía a aventurar, al hilo de una obsesión como la de Joe, que no hay un mundo, sino muchos mundos, y que solo al cruzar la línea de sombra que los separa podremos llegar a conocer lo que somos. La realidad se nutre de espacios familiares, reconocibles, de rutinas consabidas y hábitos reiterados, pero, entre unas y otros, se deslizan hilos de irrealidad, ficciones de la mente, como la de un joven griego que recoge hielo en compañía de su amigo armenio y queda sobrecogido por las palabras con que este, ante una montaña gigantesca, describe las mucho más gigantescas montañas y ciudades de un mundo desconocido llamado América.

La fantasía mueve montañas contra las persecuciones de la historia. El griego y el armenio se hallan bajo la bota del déspota de Constantinopla y, por eso, renunciando a todo, desean solo una cosa: ser libres en un país donde a nadie se le pide otra cosa que trabajo y dedicación, una meta en la vida por la que sacrificarse. De ahí que, ante el benévolo despotismo de la familia de su novia, contra semejante esclavitud dichosa, el futuro limpiabotas prefiera las vicisitudes de su accidentado viaje a la capital del Imperio Otomano y los penosos oficios que se vio obligado a realizar en los muelles de la ciudad. Hasta que el arrebato lascivo de una señora americana de orígenes orientales y casada con un millonario astuto y desconfiado le dará el espaldarazo final para consumar su fuga, que, hasta el último minuto, penderá de un hilo por la constancia con que el millonario, sabedor del adulterio, tratará de que se le obligue a regresar a Europa cuando lleguen al puerto de Nueva York.

América, América se relaciona en mi memoria, no sé muy bien por qué, quizás por la sonoridad compartida de las *islas* que se entrecruzan en ellas, con otras películas y novelas que giran en torno no a Ellis Island, sino a Coney Island. Parece como si, en aquellas tardes de cine que pasaba con mi padre y mi hermano en el Capri o en el Granada, América fuese un archipiélago por el que merodeaban los vagabundos de las islas, con los que me gustaba emparentarme por puro placer mental. Ese arte del merodeo inspirado en legendarios arquetipos humanos se instaló en mi cabeza como un recuerdo punzante del que, si no sólidas evidencias, sí cabía al menos extraer la percepción de andar un poco perdido. Recordar la historia de Joe siempre me ha parecido una forma de medirme con el impulso a ser otra persona, de creerme embebido de la fuerza de carácter necesaria para romper con la mejor de las novias y aprovechar el rapto lascivo de una señora insatisfecha con la vista puesta en las grandes montañas y ciudades del otro lado del océano.

Hay una película muda que se titula *Soledad* que vi con mi padre y mi hermano en una sesión doble junto a *Furia de titanes*. En la primera, se cuenta la historia de un joven solitario que lleva una vida de trabajo. Un día de asueto decide ir a Coney Island para disfrutar de sus diversiones y atracciones. Llega y enseguida se ve engullido por una multitud festiva que también está cansada de trabajar, y desea evadirse subiéndose a la noria, poniendo los pies en remojo en la playa o comiéndose un perrito en cualquier puesto.

La multitud festiva y despreocupada ahonda el sentimiento de soledad del joven en la ciudad de los rascacielos, donde Joe asumió un destino de limpiabotas. Si este vagabundo terminaría encontrando la horma de su zapato después de muchas tribulaciones gracias a la fuerza de su voluntad, el otro parece hallarse en un estado melancólico, triste y abatido. La ciudad, para él, no es un puerto de llegada, sino un áspero hogar que le come las entrañas con su grandeza industrial y su indiferencia para el dolor humano.

El azar hará que el joven solitario trabe relación con una hermosa joven tan perdida como él entre la multitud vociferante. Las horas que pasan juntos en Coney Island pertenecen a un reino inefable, el del amor a primera vista, el del gozo de existir al margen de tanto trabajo y tanta soledad. Ahora que han encontrado a alguien a quien amar, la multitud pierde sus agresivos perfiles y transforma su alegría hiriente en un agradable ruido de fondo que no interfiere en la relación entre los dos amantes. Como aquellas sobremesas del futuro Joe en la casa de quien no llegaría a ser su suegro apenas rozaban con su plácido bienestar la inconmovible decisión de apostarlo todo a una sola carta.

De repente, una tempestad de agua y viento se abate sobre la isla. La locura colectiva de una multitud en busca de refugio provoca que los dos jóvenes solitarios se pierdan de vista. Él, tras buscarla por todos lados, se hunde en la desolación al no poder dar con ella. Vuelve a casa, entra en su habitación y se tumba sobre la cama con la mirada más triste que quepa imaginar. Alguien llama a su puerta. Es una vecina a la que no conocía que acude en busca de algo que necesita tras escuchar una melodía que ha captado su atención. Esa vecina es quien todos sabemos.

EL mismo tipo de merodeo en torno a los islotes diseminados de la gran ciudad industrial, que fue adueñándose de mi memoria en cada una de aquellas inolvidables sesiones vespertinas, tuvo una prolongación inesperada algunos años después de haber visto con mi padre y mi hermano las dos películas reseñadas. Esta vez, ya adolescente, estaba en casa de mi abuela un viernes por la noche y vi en la televisión una película titulada *The Warriors*. El espacio de la misma volvía a ser Nueva York, pero no ya la industrial y enérgica, hostil e indiferente, sino la sucia, subterránea y desangelada ciudad posindustrial. En esa película, se relata cómo los miembros de una tribu urbana son perseguidos por los de otras tribus, a cual más estrafalaria, grotesca y amenazante, tras haber sido acusados falsamente del asesinato de quien estaba llamado a ser el organizador y jefe de todas las tribus neoyorkinas.

La huida hacia Coney Island, que es el desarrapado hogar de los Warriors, transcurre por un ambiente urbano, en la noche de un verano soporífero, que tiene al metro como su principal referente. En un momento de la fuga, cuando el líder del grupo se ha prendado de una muchacha barriobajera y tan llena de orgullo como él, cuatro chavales con buena apariencia, dos chicos y dos chicas, entren en el vagón del metro en el que huyen. Se sientan, un poco asustados por el aspecto macarra de la tribu, delante del líder de esta y su chica. Ambos, en ese momento, ante la ropa fina y limpia de las dos parejas, reparan en lo sucios que están pues, en la huida, les ha pasado de todo y, además, son pobres. Pese a esa conciencia suburbial de su neta inferioridad frente a los agasajados por la fortuna, no ceden en su orgullo y se les quedan mirando con ojos altivos hasta que, en la siguiente estación, las dos parejas se apean apresuradamente.

Si la obsesión del joven griego le hizo acreedor, en Ellis Island, del premio de un nombre nuevo y de una nueva vida lejos de despotismos y tiranías, al solitario de Coney Island esta le regaló un amor que fingió arrebatarle para, así, hacerlo más dulce, hasta el punto de forzar la lógica de la multitud y demostrar que, en una ciudad tan populosa, nadie puede dar por perdido lo que más desea porque el azar es una noria que nunca deja de sorprendernos con sus vueltas y revueltas.

Ese sabor a destino que consuma el avatar de unas vidas extraviadas se repitió aquella noche en la que vi, en casa de mi abuela, la película de las tribus urbanas. Y, como en el caso de los otros vagabundos de las islas, en esta se nos cuenta una historia de jóvenes, de novias sumisas, perdidas u orgullosas, que han sustituido la obsesión y la soledad por un poderoso sentimiento de autoestima, no exenta de altivez, en la ciudad posindustrial. Como si, al llegar a casa tras la larga noche de su huida en el suburbano, reconociesen en la playa de Coney Island que, a diferencia de Joe y el solitario amado por su vecina, para ellos, no existe ningún hogar, solo el orgullo de existir como un grupo de chavales que han hallado en la amistad su forma de reaccionar contra un mundo indiferente.

*

La estirpe cinematográfica de los vagabundos de Ellis Island y de Coney Island no pasa de ser una resonancia, un poso sonoro que halla en las equivalencias de su audición el sentido del recuerdo que atesora.

Tras aquella efímera temporada de las sesiones vespertinas y el largo abrazo de los años adolescentes, volví a toparme, al cabo de los años, con

Coney Island y la errancia de sus vagabundos. Fue al leer algunos relatos y novelas del escritor en yiddish Isaac Bashevis Singer. Curiosamente, detecté en ellas la misma pulsión de las películas reseñadas. Aquello de lo que habla este formidable escritor es algo, en el fondo, muy sencillo y muy complejo: cómo se recuerda el hogar nativo desde el impacto que lo nuevo, América, Nueva York, provoca en el desconcertado huésped de una realidad extraña.

Creo que a Singer abandonar Varsovia y el mundo judío al que pertenecía antes de la llegada de los nazis al poder e instalarse en Nueva York, envuelto por las sombras del Hudson, le provocó un cortocircuito en su imaginación y en su memoria que provocó el milagro de su obra. Lo judío y Varsovia se retratan en distintas épocas y ambientes, pero siempre con la misma densidad del recuerdo, y la misma nostalgia de saber que aquel era un mundo condenado a la extinción. Mientras que América aparece siempre a través de una lente admirativa y, a la vez, desconcertada pues, aunque existan claras analogías entre los judíos de Varsovia y los de Nueva York, incluso entre los barrios en los que viven en una ciudad y en la otra, y entre los olores característicos de los mismos, los oficios de sus gentes, buhoneros y tenderos, y las festividades que más o menos respetan todos ellos, Varsovia y Nueva York pertenecerían a dispares e irreconciliables estratos de la realidad. Unos niveles urbanos de contraste y diferencia que la mente del exiliado solo puede calibrar a través del ejercicio exuberante de su imaginación. Que solo he vuelto a encontrar en las novelas gráficas de Will Eisner, ambientadas también en la Nueva York de su memoria.

En uno de sus cuentos, Singer, a través de su alter ego en la narración, describe el regreso al hogar varsoviano, en una de cuyas viviendas sigue habitando la joven de la que estaba enamorado antes de marchar a América. Ahora, muchos años después, llama a la puerta de su amada y le recibe una mujer entrada en carnes que cuida de su prole mientras se ocupa de los pucheros. El viajero penetra en el hogar tras la indicación de la mujer, que no le reconoce, y se queda prendado de una niña de unos diez años que es igual, en sus ojos y facciones, a la que fue su novia y hoy trajina entre orinales y camas revueltas sin prestarle atención.

Ese mismo alter ego, vagabundo o viajero, que recibe de la mirada de la niña la misma sorpresa y afecto que el solitario de su vecina y enamorada tras abrirle la puerta, merodea por muchos de los relatos y novelas de Singer en torno siempre al amor y el exilio, atrapado en la modernidad spinozista de un judaísmo herético y, a la vez, inseparablemente unido por la nostalgia, ante las grandes montañas y ciudades de América, y su ritmo vertiginoso de vida, a los *shtetl* en que se agrupaban en intensas comunidades los judíos de Rusia, y a los barrios cargados de tradiciones y vitalidad de la vieja Varsovia. Esa misma Varsovia que, en los años tardíos del comunismo, Kiéslowski inmortalizará en los cuentos morales de su *Decálogo*, imbuido de una religiosidad que no es la de Singer, pero que converge con la narrativa de este en su poderosa evocación cinematográfica de las oscuridades y perplejidades de los seres humanos.

En dos momentos cruciales de la obra vagabunda de Singer, la narración termina con las palabras «estaba perdido en América, perdido para siempre» y con el alter ego del autor, sin poder tomar una decisión sobre su vida, extraviado en los azares de esta, hijo de las cosas, como diría un escritor español obsesionado con los personajes erráticos y carentes de voluntad, y deambulando por Coney Island.

*

No quisiera extraer un mensaje o, peor aún, una lección de este merodeo en torno a algunos hitos señalados de mi memoria de espectador y lector. De esos recuerdos vespertinos o noctámbulos, en el cine con mi padre y hermano o en la casa de mi abuela, no tengo más que decir sino que forman parte de mis placeres secretos, de esa misteriosa urdimbre que da cuenta de la persona que aspiramos a ser, sin nunca lograrlo.

Lo que si deseo es ponderar los dos extremos que circundan esta reflexión retrospectiva. En uno, estaría Ellis Island, que evoca la fuerza de voluntad de quien lo deja todo para emigrar a la promesa de lo desconocido. En el otro, Coney Island, que sugiere el estado de desorientación en que se halla quien, ante lo desconocido, percibe la humana e irrecuperable densidad de lo que dejó atrás.

III

ESTAMPA DE NIÑEZ

D E niño, viví en un barrio de Madrid. Allí disfruté de un jardín, de una calle y de un grupo de amigos inolvidables.

Fueron pocos años los que transcurrieron antes de mudarme a otra casa, a otro barrio, donde los perdí de vista para siempre. Pero esos años breves e intensos se me han quedado grabados como si contuviesen toda una vida.

Lo que me asombra de la infancia, de una niñez como la que disfruté, es la intensidad del recuerdo, el fulgor de los estíos en que jugábamos en el jardín y la calle hasta el oscurecer.

Esa intensidad, en el fondo, constituye una invitación, una sugerencia, un estímulo. Pero, definitivamente, no sé para qué. Los libros que he leído y las películas que he visto confluyen en aquel fulgor de los estíos, en aquel grupo de chavales que daban patadas a un balón o jugaban al Rescate.

Una fina capa de irrealidad proveniente del sedimento que dejan en la conciencia libros y películas cubre mis años de niñez, como si, en cierta manera, el elusivo *para qué* de su intensidad no tuviese otro destino que ensamblar la experiencia de un mundo perdido con los avatares de otras imaginaciones y circunstancias.

Me gusta sentirme un vagabundo de mis islas secretas. Merodear en pos de la promesa que barrunto en la niñez. Corroborar, mediante ella, una escritura invisible que se disuelve como un azucarillo a poco que forcemos su misterio.

El misterio de vivir y de recordar tiene mucho que ver con estas cosas tan extrañas y benéficas. Pues lo que perdemos y queda a nuestras espaldas carece de otra solidez que la de su brillo, y este ha de virar hacia otros mundos y destinos con el fin de que su escritura sea capaz de descifrar el mensaje que porta. Entonces, y solo entonces, habremos sabido reconducir el barco extranjero de nuestros recuerdos a su tierra nativa, que es aquel hogar y aquellos estíos en los que se cimenta la patria espiritual de cualquier hombre.

Todo esto solo puede significar que la intensidad indecible de la niñez proviene del hecho de que, antes que un niño en un barrio de Madrid, fui un isleño entre isleños asombrado por la gran amplitud de las cosas.

Qué otro mensaje portan los recuerdos sino el de convertirnos en impenitentes vagabundos de nuestras fantasías mentales. En la línea de esa teoría rilkeana de la imaginación según la cual todo esfuerzo poético implicaría tres cosas: soledad, paciencia y niñez.

IV

DOS DISCURSOS

DECÍA Max Aub que uno es de donde ha hecho el bachillerato. También forma parte de la sabiduría común sostener que las primeras impresiones son determinantes.

Mi primera impresión del instituto, recién llegado a un mundo nuevo con catorce años, que se situaba al otro lado de una pasarela que comunicaba el barrio de La Estrella con el de Moratalaz, en el bullicioso Madrid de los años ochenta del siglo pasado, fue la convocatoria de una huelga. Estábamos en clase esperando al profesor de Historia cuando pudimos observar que una alumna mayor que nosotros solicitaba a dicho profesor en el pasillo que le concediese unos minutos. Con gesto contrariado, su voz pronunció un sí reticente y forzado. Acto seguido, la chica entró en nuestra clase, escribió en la pizarra con letras enormes la palabra huelga y, debajo de ella, el lugar de la concentración, el día y la hora.

Subida a la tarima, se dio la vuelta, se nos quedó mirando con seriedad y empezó a hablar. Se trataba de una joven atractiva, vestida con una sudadera, unos vaqueros ajustados, unas zapatillas blancas y un pañuelo palestino alrededor del cuello. Sus ojos verdes armonizaban perfectamente con su larga cabellera, negra y un poco rizada. Era, en definitiva, alguien ante la que chavales de catorce años solo podían caer embelesados. Si a su luminosa y desenvuelta apariencia sumamos una voz áspera, rota, profunda, y un discurso hilvanado con sorprendente fluidez y contundencia, que voy a reproducir libremente a continuación, resulta comprensible que su auditorio entendiese a partir de ese momento que los días de la infancia y el colegio podían darse por concluidos.

«Compañeros —exclamó la bella agitadora— el Sindicato de Estudiantes os convoca a una huelga por la clamorosa falta de recursos humanos y materiales en los institutos de toda España. La nueva y reaccionaria ley educativa constituye una renovada agresión de los gobiernos, que, sea cual sea su identidad política, desprecian a los hijos de los obreros y promueven su pasividad con medidas encaminadas a desactivar su conciencia. Es misión de toda la comunidad educativa, pero, sobre todo, de los alumnos, que son el faro del progreso, no solo defender las libertades conquistadas con sudor y sangre, sino emanciparse, de una vez y para siempre, de las garras del mercado capitalista. Para eso, compañeros, debemos *parar las máquinas y asaltar los cielos* porque la clase obrera solo puede ir al paraíso si manda a hacer gárgaras a los poderes que la esclavizan. Esta huelga es el principio de cosas más importantes, de una imparable revolución social, pues todos hemos de asumir que la democracia constituye una falsa bandera con la que se nos trata de mantener silenciados. Rompamos las cadenas, llenemos las calles de osadía y de una estratégica violencia. Si hay que derribar farolas y quemar coches, se derriban y se queman ya que los del otro lado deben comprender que no nos detendremos ante nada.

»¡Compañeros, no hay educación sin revolución, ni conocimiento sin lucha de clases! Tomad el destino en vuestras manos, actuar desde la llama del progreso que encarnáis, rebelaros contra esta desidia paralizante que las élites económicas y sus servidores políticos han establecido sobre la juventud revolucionaria a fin de tenerla cautiva y contener su necesario e inevitable levantamiento. Que nadie se quede atrás, mantengámonos unidos y concienciados. Las conquistas del futuro solo se obtienen desde las luchas del presente.

»Y a los tibios, a los que tienen alma de esquirol, a los cobardes y perezosos, un mensaje para navegantes. Mucho cuidado con arruinarnos la huelga porque basta un solo esquirol para que el asalto a los cielos termine en la derrota del progreso.

»Salud y República, compañeros».

La sindicalista permaneció callada unos segundos. Sus ojos verdes rozaban, en esos momentos de sobrecogedor silencio, la incandescencia. Veíamos a través de su indómito fulgor el poder de las masas, las calles arrasadas, las farolas derribadas, los coches ardiendo. Nuestro corazón enardecido palpitó con fuerza desconocida. Quién nos había dicho que el BUP y el COU serían tan electrizantes y movilizadores. Para estudios de esta clase, no estábamos preparados y, evidentemente, los convencionales nos dejarían un sabor a monotonía tras haber degustado la larga marcha al paraíso de la clase obrera. Pues esto era lo esencial, al parecer. No tanto la educación como la clase, la revolución, la lucha y el poder. No tanto el conocimiento y las leyes educativas, sino el capitalismo y sus injustas desigualdades. La sindicalista con pico de oro había puesto las cosas en su sitio. No estábamos en un aula, nos encontrábamos en una fábrica, por lo que obreros y estudiantes compartían la misma miseria y acumulaban las mismas razones para rebelarse.

Moratalaz es un barrio obrero. El instituto se levantaba en una especie de colina rodeada por un descampado. Cuando acudía a él a primera hora de la mañana, su perfil resaltaba en el horizonte urbano como la torre de un castillo. Había días fríos de invierno, que nos impulsaban a poner las manos en el radiador al llegar a clase, en los que el instituto se erguía entre la niebla semejante a un bastión de los ideales revolucionarios, a mitad de camino entre el presente obrero de los padres de los alumnos y el futuro revolucionario que sus vástagos estaban en la obligación de consumar.

Tras la salida de la hermosa y elocuente agitadora, entró el profesor de Historia. Era la última clase del día, y nadie tenía ya ganas de nada. Con el tute que nos había dado el profesor de gimnasia, un entusiasta del cuerpo como la sindicalista lo era de la conciencia, y tras el subversivo vendaval que había puesto el aula patas arriba, solo pensábamos en marcharnos a casa.

Sin embargo, por una combinación azarosa de accidentes impredecibles, aquella clase versó sobre un autor conservador que hacía casi dos siglos había escrito un panfleto titulado *Reflexiones sobre la Revolución francesa*. El profesor era bajo, con el pelo negro y rizado, la cara mofletuda y redonda y, curiosamente, los mismos e intensos ojos verdes que la oradora del Sindicato de Estudiantes.

Lo primero que hizo al llegar fue borrar la palabra huelga del encerado y escribir en su lugar la palabra contrarrevolución. Después, con media sonrisa irónica, que acentuó su parecido con un sátiro, se lanzó a hablarnos de un lugar llamado Hipona y de un Padre de la Iglesia conocido por el nombre de Agustín. Reproduciré sus palabras con la misma libertad con que he reproducido las de la zarina revolucionaria.

«Existen dos ciudades —pronunció con voz telúrica el profesor de Historia— la de Dios y la del hombre. La primera es invisible, y está hecha de espíritu. La segunda es visible, y está sembrada de pasiones y corrupción. El hombre sueña con la primera, pero vive en la segunda. Su naturaleza lo confunde y extravía, nunca podrá liberarse del amor propio; de la vanidad, la codicia y la lujuria. Los hombres luchan contra sus demonios, mas solo la creencia en la gracia de Dios los mantiene a salvo de tanta inmundicia y condenación. Agustín sabía de sobra que el Estado halla su justificación en el hecho de que el hombre es malo, y necesita de la autoridad del látigo para no desmandarse. Quienes apuestan —dijo con extraño énfasis— por traer el paraíso a la tierra, lo revuelven todo de tal forma que, al tratar de hacer un cielo del Estado, lo terminan convirtiendo en un infierno. Nunca la Ciudad de Dios se mezclará con la Ciudad del Hombre. El reino de la gracia es invisible. Los cielos no se asaltan, moran en el corazón de los rectos, los elegidos, los santos. Aquí abajo, lo único que debe propagarse no es el aire de la revolución, sino una obediencia inteligente a los poderes y autoridades establecidos.

»Con la Revolución francesa —siguió diciendo el profesor—, Hipona y Agustín fueron olvidados. La Ciudad del Hombre *se endiosó* y, por ello, las pasiones se divinizaron. La Historia perdió su rumbo, extravió la figura invisible de la Verdad, y quedó en manos de falsos ideales llamados a corromper al hombre con saña. Esto es, sin medida, fuera del límite impuesto por el contraste entre caridad y concupiscencia. El hombre, tras la Revolución, dejó de amar a Dios y encontró legítimo amarse a sí mismo. Democracia, derechos, igualdad, constituciones, movimiento obrero, cuestión social, cuestión nacional, totalitarismos, Estado del bienestar, etcétera, etcétera, etcétera no son sino sucesivos genios de la botella que han sido conjurados desde el sacrílego amor a uno mismo. Este humanismo ateo no es del mismo tipo que el humanismo tenebroso de Agustín. Este último pone al hombre en su lugar, y enjuicia con criterio y rigor cualquiera de sus tentativas pelagianas de persuadirse de su libertad. No, el hombre solo es libre para pecar, pero no para salvarse. Y el Estado que no se funde en esta diferencia fundamental, que ofrezca al hombre los medios hipotéticos de su salvación, que asuma como un principio la bondad humana, nos conduce a un erial donde el hombre termina siendo un lobo para el hombre.

»Un epígono de Agustín —apuntó seguidamente el profesor— fue Edmund Burke, autor de las *Reflexiones sobre la Revolución francesa*. En este panfleto contrarrevolucionario, las dos ciudades de Agustín se metamorfosean en dos épocas de la historia: la época de la caballería y la época de la revolución. Lo invisible, el reino de la gracia, el amor a Dios se materializa en el pasado prerrevolucionario, cuando existía un mundo sólido basado en tradiciones y hábitos de comportamiento consuetudinarios. Burke filtró en el pasado la espiritualidad de Agustín, y levantó desde la Historia un muro contra las novedades del progreso. Su temor residía en que estas, investidas de un poder verbal invencible, de un aura que las transformase en inatacables, se introdujesen en la ciudadela del pasado como un caballo de Troya y desarticulasen el orden de la civilización, esa mezcla única entre independencia y disciplina, poniendo en su lugar, bajo el fulgor de palabras irreformables, un caos institucionalizado por la dinámica del cambio y el impacto de lo nuevo, donde pudiesen abrevar las peores inclinaciones del hombre.

»Y, ahora, pensarlo bien —concluyó el profesor con una chispa de provocación—. ¿No es mejor vivir tras un muro que nos proteja de nosotros mismos, de nuestras salvajes y despiadadas pasiones, que creer que, al derribar ese muro, abrazaremos nuestra mejor versión, los mejores ángeles de nuestra naturaleza? ¿Existen ángeles o demonios en nuestra naturaleza? Y si convenimos en que el mal es inextirpable, solo puedo deciros —aquí se calló unos breves segundos y se nos quedó mirando enigmáticamente—… que el Sindicato de Estudiantes os está empujando a la autodestrucción».

La frase final, inesperada y violenta, sacudió la atmósfera de la clase como un rayo de misteriosa sabiduría. El sátiro de Hipona, como empezó a ser conocido entre los alumnos el profesor de Historia, dejó una huella tan profunda en nuestra memoria como la joven y bella revolucionaria. Los ojos verdes de ambos confluían en la ambigüedad de su mensaje. ¿A cuál de los dos creer? ¿Desde cuál de esos dos opuestos discursos erigir las convicciones personales?

La bella, inevitablemente, encarnaba el bien. El sátiro, también inevitablemente, lo oscuro. Este, paradójicamente, evocaba, con su discurso de orden y autoridad, el caos; mientras que aquella, también paradójicamente, evocaba, con su discurso subversivo y movilizador, la época de la caballería. ¿O no habíamos degustado en sus palabras la incitación a sentarnos a la mesa con Arturo y salir en busca del grial?

El entusiasmo revolucionario contrastaba de un modo extraño con la lucidez contrarrevolucionaria. Aquel entusiasmo parecía embebido de hazañas y gestas; de heroísmo, sacrificio y camaradería. Esta lucidez, por el contrario, y pese a la defensa que planteaba de lo bello frente a lo sublime, de la armonía frente al terror, del sólido pasado frente al convulso presente y amenazante porvenir, no segregaba un mundo de *príncipes valientes*, sino, más bien, esquinadas y solitarias meditaciones articuladas por *profetas airados*. La bella era valiente, sin duda. El profesor parecía transfigurado por la cólera.

*

La hermosa sindicalista y el sátiro de Hipona disolvían sus acusadas diferencias en el fulgor de sus ojos verdes. Todo se mezcla, cuando se es alumno de bachillerato, en una misma y ambigua iridiscencia. El recuerdo de aquellos dos discursos acude a mi memoria como los dos mundos separados, mas intercambiables que afrontó Bashevis Singer en su obra. A tenor de la confusión sembrada en aquella clase memorable, creo poder entender un poco mejor el hecho de que el Singer desorientado que deambula por Coney Island con la sensación de estar perdido para siempre no sería más que una manera intensísima de subrayar que la vieja Varsovia judía y la Nueva York fascinante y vertiginosa forman parte, en cuanto rutas corsarias, del árbol del oscurecer, de la misma y melancólica meditación sobre el destino final de toda aventura. De las mismas y tristes páginas en que uno encara sus recuerdos, y asume la finitud y contingencia de lo humano con una resignación reflexiva.

Por esa misma razón, Hipona se ha terminado configurando en mi cabeza como una tumba enigmática de cuyos vapores emana la nostalgia de un mundo nuevo, la *memoria del porvenir*. Sin que esta expresión paradójica insinúe otra cosa que el compromiso alucinado con una búsqueda u obsesión semejantes a las del Joe de *América, América*. Quien, como la bella y el sátiro, lo apostó todo a una sola carta, y pudo así renunciar al mejor de los mundos con la vista puesta en un mundo nuevo. Y de eso se trataría cuando se bucea en los recuerdos tras haber asumido que la memoria es un juguete prohibido. De afrontar el día después de la última Noche de Reyes sabiendo que hay dulces revoluciones y cóleras racionales. Es decir, que los mejores ángeles de nuestra naturaleza terminan siendo nuestros demonios más incisivos.

Los dos discursos, que, como estoy insinuando, eran, en el fondo, intercambiables, postulaban una idea fuerte e impactante de la Historia. Fuese leída en términos agustinianos y burkeanos, o progresistas y revolucionarios, tengo, pasado el tiempo, la sensación de que la bella y el sátiro nos dieron con un garrote en la cabeza.

Señalaba antes que aquella clase memorable ha terminado desembocando, más allá de su ruido y su furia, en el mismo lugar que los contrastes establecidos por Singer entre su patria nativa y su patria de adopción. Es decir, que, tras el ruido y la furia de la Historia, y la desorientación y sentido extraterritorial provocados por la emigración, subyace un resto de conocimiento y conformidad con el destino mortal de los seres humanos. Ese suave barniz de melancolía, que, como veremos, Edward Gibbon subrayó con particular elegancia, trascendería los combates de la vida y de la historia, y permitiría reconciliarnos con el fulgor azul e inmóvil de las estrellas.

Desde ese sentido de la memoria, los dos discursos se dimensionan en una magnitud que los despoja de su acritud, y los sitúa en una escala desde la cual es posible sustituir el compromiso de la ideología por el vuelo de la imaginación. No creo que fuera otra cosa lo que hizo Joseph Roth en su obra cuando, de un modo elegiaco, antepuso, al «capricho antinatural de la historia», la patria afectiva de sus recuerdos.

Para nada quisiera quitar un ápice de su relevancia al discurso de la bella y el sátiro. Con ellos, la Historia salió de los libros y se hizo vida en la mente de los alumnos. Sin embargo, hoy que está tan de moda hablar de la *memoria histórica* y de la *memoria democrática*, convendría puntualizar, en la estela de Roth, que los recuerdos serán siempre un foco de resistencia contra la Historia porque los combates de esta poco tienen que ver con la melancólica irrealidad que se desprende de aquellos.

V

NIEVA HISTORIA

La zarina revolucionaria del instituto se hizo personaje literario en una lectura posterior. La Ciudad sobre la que giraba esta se encontraba perdida en uno de esos túneles oscuros de la Historia que, de tiempo en tiempo, trastocan el orden de la existencia y sumen a la memoria en un estado de perplejidad.

Recuerdo un paisaje nevado, y a un representante de la Guardia Blanca agonizando en mitad de la calle tras un enfrentamiento con los bolcheviques.

Una mujer joven le observa desde la ventana de un edificio situado enfrente. No se atreve a bajar, aguarda a que el oscurecer invada de sombras aquel paisaje blanco y deslumbrante. Cuando descienden aquellas, se desliza como un fantasma hasta el herido y, de un modo inexplicable, consigue llevarle hasta su casa y tenderlo en su lecho.

Pasan horas febriles, en las que ninguno de los dos pronuncia palabra alguna. Él contempla, desde la inconsciencia, aquel rostro hermoso que limpia la sangre de su herida. Ella, con movimientos suaves, pero firmes y decididos, cumple una misión que simboliza el pequeño crucifijo que cuelga de su cuello.

Al día siguiente, cuando el encuentro ha velado por breves instantes los desastres de la Historia, se despiden intuyendo que no volverán a verse. La mujer se quita la cadena de la que cuelga el pequeño crucifijo y deposita este en las manos del hombre.

A punto de abrir la puerta del portal que da a la calle, el hombre se gira y contempla por última vez la etérea figura. Tras abrir la puerta, una bala le derriba. Cae hacia dentro, en el umbral del edificio, con sus piernas sobre la nieve, y un viento frío penetrando por cada recodo de aquel. Unos revolucionarios se aproximan hasta él, entran en el edificio y le arrebatan el crucifijo que llevaba apretado en un puño.

Levantan la vista, como si presintiesen algo. Por las escaleras, sube el viento huracanado. Suena un disparo dentro de la casa de la mujer.

*

Larra, ante otra Ciudad que también era un cementerio de la Historia, dejó escrito a modo de epitafio «¡Aquí yace la esperanza!».

Su melancólico paseo entre los restos del sueño de una España moderna y liberal transcurre, como el breve encuentro sugerido más arriba, por una senda oscuramente rememorativa. El «capricho antinatural de la historia» del que hablaba Roth con acento polémico destruye las patrias afectivas del hombre y lo enfrenta con la desesperación de asistir al laminado de lo que Zweig denominó el «mundo de la seguridad». Este pasaría a convertirse, por aquel capricho, en el «mundo de ayer», cuya encrucijada sentimental, su valor íntimo, solo se descifra al enfrentarlo con una Historia que se ha materializado en la destrucción de cualquier vestigio de humanidad, fuesen las herencias civilizadas del pasado o las promesas emancipadoras del cambio histórico.

Tanto en la Rusia de comienzos del siglo xx como en la España de comienzos del xix y el *Finis Austriae* producido tras la Primera Guerra Mundial, los recuerdos experimentaron el doloroso reconocimiento de que la Historia no constituía un marco público e institucional, el espejo en que la vida personal hallaba su extensión social y así corroboraba la entidad de sus hábitos y rutinas, sino una masa informe que se movía espasmódicamente y que podía llegar a socavar las convicciones más sólidas, las inveteradas costumbres de cada individuo, familia y clase.

De ahí el malestar rememorativo como seña de identidad de los traumas sembrados por la *civilización de la potencia*, donde el progreso puede volverse un inventario de ruinas. Pues, cuando ruedan los trenes y trabajan las fábricas, se producen revoluciones y estallan guerras por la propia exuberancia industrial y tecnológica, por la propia *energía* liberada por la fuerza del intelecto y la voluntad humanos. En tales condiciones prometeicas, bajo el signo de su irresoluble ambigüedad, cabría entender a los recuerdos, roto su vínculo con la Historia, como náufragos que bogan entre dos épocas precipitándose en direcciones contrarias, vagabundos de islas que, antaño, constituyeron un archipiélago. Y que las circunstancias de su desgraciada implosión dividen en dos mitades: la isla de quienes asumen el desafío de reinventarse en cuanto conquistadores de un mundo nuevo, y la isla de quienes, ante el impacto demoledor de dicho mundo, de las ruinas sobre las que se erige, hacen de la navegación en el barco extranjero donde bogan sin rumbo una exploración retrospectiva que, inevitablemente, deriva hacia lo elegiaco.

Solo desde los sueños truncados y ayeres enterrados por la civilización de la potencia, resulta posible ahondar, más allá de lo elegiaco, en un sentido estoico de los recuerdos que los presentarían como una aceptación resignada y tranquila de la finitud y la contingencia. El estoicismo moderno fluye del ruido y la furia de la Historia en cuanto la estilización más perfilada de lo que implica lidiar con los desórdenes causados por esta. Su finalidad última sería reconciliar al hombre con su lugar en el cosmos, que no puede alterar ninguna vorágine revolucionaria, ni guerra mundial.

El destello frío y azul de las estrellas alienta las divagaciones matemáticas de Don Fabrizio en *El gatopardo*, y tiñe de una especial melancolía las reflexiones de Bulgákov en *La guardia blanca*. Este registro clásico y atemporal nos permitirá adentrarnos, de la mano de un historiador como Edward Gibbon, en las dos morales que, como polos opuestos, circundan la belleza del recuerdo. Un enclave que, como vamos viendo, semeja el flujo y reflujo de las olas del mar. En la medida en que, al estirarse por la fuerza de voluntad del hombre, se aproxima al abismo de una realidad desconocida, donde se corre el riesgo de perder el vínculo con el pasado, y, al reafirmarlo dominado por una extraña sensación de acabamiento, se afronta el peligro inverso de idealizar en la memoria lo que ha sido descuartizado por el cambio histórico. Quizás, entre ambos extremos, únicamente el destello de un orden extramundano como el frío y azul de las estrellas sea capaz de aliviar tales movimientos del ánimo y el espíritu.

*

Los dos discursos que escuché recién llegado al instituto forman parte del recuerdo. Y, al convertirse en memoria, fueron conducto de una curiosidad que me ha llevado a descubrir, en autores como Roth, Lampedusa, Bulgákov o Zweig, la imaginativa tensión de mezclar la Historia con los recuerdos. De tal manera que, si aquellos dos discursos constituyeron un estímulo para empezar a leer, han sido las lecturas hechas en su estela las que han insuflado a las palabras de la sindicalista y el sátiro un aura entre real y fantástica, hasta el punto de no saber a ciencia cierta si dichos discursos son más o menos reales, más o menos fantásticos que la escena romántica del guardia blanco y el alma caritativa que lo atiende poco antes de morir.

Con el paso del tiempo, el ruido y la furia que los dos discursos desencadenaron en nuestras adolescentes cabezas al hacer de la Historia materia viva se han ido remansando en una atmósfera ni tan siquiera nostálgica.

Volví al instituto un día de fiesta. Lo contemplé desde el exterior, con su aspecto desolado de siempre, en mitad de un barrio que había olvidado incluso su orgullo obrero. Nada del vértigo revolucionario, ni de la inquietante lucidez contra-rrevolucionaria se percibían en la soledad de aquel edificio de ladrillo rojo que se alzaba como un faro en el asfalto.

Si uno es, como decía Max Aub, de donde ha hecho el bachillerato, y este lugar pierde, con el tiempo, el fulgor de las pasiones que lo agitaron, al final, se termina perteneciendo a las sombras que aquel fulgor deja en nuestra imaginación. Pues el eclipse de las pasiones que nos deslumbraron bajo el persuasivo poder de unos ojos verdes no tiene otro significado que el de ser un desenlace natural de las experiencias vividas, que tan honda-mente contrasta y, sin duda, enaltece los *caprichos* de dichas experiencias.

No sería forzar las cosas demasiado decir que los recuerdos, en cuanto enclave de fantasías mentales, dilucidan su belleza en la frontera donde el azar que da forma a la existencia se transforma en una aventura regida por la inevitabilidad del destino.

VI

DOS MORALES

AQUELLAS páginas tristes y reflexivas en que convergían los recuerdos de la última Noche de Reyes, la desorientación acusadamente retrospectiva del alter ego de Singer en sus narraciones americanas y el estado de confusión sembrado en los estudiantes por unos ojos verdes que se escindían en dos ciudades, dos épocas y, en fin, dos visiones de lo que somos encontraron un eco sostenido en mi memoria.

Decía, al rememorar los sentimentales orígenes de aquellas páginas, que la obsesión por un mundo nuevo prevalece contra viento y marea, contra el mejor de los mundos imaginables, como el de aquella Constantinopla que se le ofreció al futuro Joe en bandeja de plata, y al que este renunció en nombre de una América íntimamente ligada a su independencia y fuerza de carácter, que constituyen las hebras de un humanismo ni ateo, ni tenebroso, sino único e indispensable.

El arte de la memoria se halla vinculado a la arriesgada decisión del joven griego, de la que dependería la urdimbre afectiva, los convencionalismos del sentimiento legados de generación en generación, de padres a hijos. Esta herencia de recuerdos y afectos reflejaría aquella idea afortunada de Max Frisch de que la tradición no es más que gestionar los afanes del día con la misma valentía y coraje con que nuestros ancestros administraron los suyos. Joe, en el fondo, al huir de su patria, no estaría rompiendo con ella, sino haciéndola perdurar en un mundo nuevo que saturaría con la independencia y la disciplina adquiridas, como una segunda naturaleza, en Anatolia bajo la bota del déspota otomano.

También decía, cuando hablaba de aquellas páginas en que se remansa el arte de recordar, que las rutas corsarias emprendidas por un Joe, un judío herético amante de la comunidad que rechaza, un solitario que se escapa del trabajo a la isla donde encontrará el amor y unos jóvenes perseguidos a los que un acto de justicia final restituirá en su orgullo, sin redimirlos de su marginalidad no son sino ramas del árbol del oscurecer. Por lo que todas esas rutas avivadas por la llama de audaces y osados emprendedores, aventureros de sí mismos, de las regiones por descubrir de su propio espíritu, están unidas por el fulgor de lo efímero, es decir, recorridas por una suave melancolía que las aproxima inexorablemente a una conciencia de la finitud y la contingencia.

No pretendo aseverar que las sensaciones de un niño cuando se acerca el ocaso de la Noche de Reyes y presiente, en los juguetes, la orilla cada vez más lejana de los padres, la línea de sombra que, cual vagabundo de las islas, deberá cruzar en los asuntos por resolver de cada jornada transmitan de un modo nítido y acabado el sentimiento de esa dulce melancolía a la que hacía mención. Tan solo trato de señalar que, en aquel duermevela, cabe atisbar presagios de aventura y adiós, de amor y exilio, de fugas sin fin que permiten entrever el árbol del que cuelgan las vicisitudes de la memoria, los frutos del recuerdo, cada vez más intensos a medida que la empresa germinal de los mismos, fuese una decisión inamovible, una fértil y fecunda desorientación, una soledad finalmente acompañada o una forma pobre y altiva de honor, se observa desde ángulos que encauzan aquellos frutos por el río de la desaparición.

Este río conformaría un hogar para la memoria que despoja a esta de su energía más pugnaz e inyecta en los recuerdos una savia razonable y apacible. Me basta con un ángulo entre mis lares, podría decir aquel niño que se revuelve en la soledad del lecho y pugna por oír, en la habitación de sus padres, la confirmación del misterio que lo obsesiona si, cosa imposible, llegase a descifrar el sentido último y esquivo de dicho misterio. Pues, con el paso del tiempo, se comprende que la línea de sombra que atravesamos al derrumbarse nuestras posesiones más seguras terminará siendo una invitación a regresar a la infancia. Como si Joe se reencontrase con su novia inteligente y sumisa en los muelles de donde partió al descubrimiento de lo ignoto, el alter ego de Singer transformase a la hija de la mujer amada y perdida en su novia de antaño o los *Warriors* no cesasen de contarse entre ellos, una y otra vez, en la playa de Coney

Island, o en alguna sala recreativa por la que deambulan niños extraviados por sus padres, la odisea de aquella noche en que fueron perseguidos con saña homicida y vengadora por las otras tribus urbanas.

El adiós a todo esto refluye al punto en que la aventura comenzó o, más exactamente, a la divisoria en que los recuerdos operan como ensambladores de lo efímero. Allí donde resulta posible reconducir la energía aventurera por una senda tranquila que hace posible convocar las empresas germinales de una vida, lo que esas empresas tienen de renuncia y sacrificio, de pérdida y olvido, pero, también, de futura exaltación retrospectiva de todo aquello que fue abrasado por el peaje que entraña vivir, y no arrastrar la vida hasta el fin.

Este sentimiento apaciguador, como casi todos los avatares de mi existencia, que carece de biografía reseñable, adquiere densidad en el reflejo de lo ajeno, de algún autor, de alguna lectura, de alguna película. Son ellos, como los discursos de la agitadora y el profesor, los que me sostienen en la convicción de lo que soy, un asunto peliagudo que los seres sin biografía significativa se acostumbran a resolver, como es mi caso, en las perdiciones de su pensamiento, en la construcción de ideas que, de un modo extraño, terminan vinculándose con su experiencia hasta el extremo de reducir esta a los juegos mentales que propician dichas ideas, a la escoria de pensar e imaginar.

En estas cíclicas mareas del entusiasmo retrospectivo y el pensamiento, en las que cabe constatar la luminosa sugerencia de San Agustín, considerada como el fundamento de su *metafísica de la experiencia interior*, de que pensar, recordar y aprender son la misma cosa, me topé con una lectura que me alborotó la cabeza como ya me la habían alborotado las islas de los vagabundos y los discursos de los ideólogos. Esa lectura me descubrió una orilla desde la que tomar distancia con aquellos entusiasmos retrospectivos que fluyen de la aventura de recordar. Con las ideas suministradas por la misma, que ahora paso a desgranar en un renovado ejercicio de dualidad, como si cualquier esbozo de autobiografía intelectual pendiese inevitablemente de abismos paralelos y opuestos, he introducido lo planteado al comienzo de este capítulo: que el arte de la memoria, la pulsión del recuerdo, consiste en extraviarse en la vida para, finalmente, recuperar, en el silencio de las pasiones, la quietud del sueño.

*

EDWARD Gibbon, el genial autor de *Decadencia y caída del imperio romano*, es menos conocido por sus *Memorias de mi vida*. En este libro escrito con la misma sobriedad, ironía y precisión que el anterior, el historiador británico concluye su autobiografía con unas reflexiones finales que poseen un acentuado tono melancólico y elegíaco, y que suenan a una despedida de la vida y una aceptación estoica de la mortalidad.

Gibbon encara los límites humanos con sabiduría y resignación, con aquel proverbial buen sentido que le llevó a iluminar las razones de la decadencia de un imperio. Hay, en ello, mucho de la filosofía moral de la Ilustración, que destilaba un equilibrio único y milagroso entre progreso y mortalidad, entre la comprensión de las fuerzas históricas que gobiernan el proceso de civilización y el lugar que ocupa el ser humano en el cosmos.

El carácter cósmico de la despedida de Gibbon encuentra un lugar a la memoria razonable, relativizador, poco dado a exaltaciones y entusiasmos. Los recuerdos nos enfrentarían, finalmente, con las pérdidas y agudizarían en el hombre la conciencia de su finitud. De esta, que se erige sobre un suelo ilustrado transido de estoicismo, no cabría esperar otra belleza que la sobriedad de una reflexión suavemente melancólica que apaciguase el espíritu cuando se apagan las últimas luces de una vida. En cierta manera, los párrafos finales de la autobiografía de Gibbon complementarían con un tono *existencial* su condición de historiador de la civilización, y de los abismos de barbarie y fanatismo que siempre se abren en el incierto despliegue de aquella.

Ahora bien, asignar a los recuerdos de una vida un lugar concreto en el pensamiento, y reconocer así sus límites en cuanto a expectativa de significado y destino implica, de hecho, una gigantesca operación psíquica de renuncia a esperar de los recuerdos algo más que un escueto sentido de contingencia. Gibbon estaría cifrando existencialmente la belleza en una clave estoica que se caracteriza por hacer de lo bello que aglutina el recuerdo un resplandor frío, estricto y objetivo; el destello de la mortalidad en la conciencia, de esa muerte anticipada que es recordar las cosas perdidas, y que formaría parte del orden universal, al igual que forma parte de dicho orden el progreso y la civilización.

La memoria se declina, en esta perspectiva clásica y moderna a la vez, como un *lujo del espíritu* legítimo y adecuado en la medida en que se ajusta a una plantilla sentimental ajena por completo a los arrebatos del entusiasmo, a cualquier variante de fiebre retrospectiva. Como lujo legítimo, la contenida y lacónica belleza del recuerdo obliga a tener bajo control su deriva en una retórica de la exaltación y la grandilocuencia, y a, más que a declarar lo vivido, a murmurarlo y susurrarlo con el fin de conceptuar los hechos de una vida como brillos breves, aunque intensos, que se pierden como lágrimas en la lluvia.

Esta parquedad clásica, tan ilustrada, en la enunciación de los recuerdos supura un entendimiento irónico y distanciado de uno mismo, en lo que quizás radique la especial melancolía que se desprende de las páginas autobiográficas del historiador británico. Recordar, a juicio de este, entraña aplicar el bisturí de la inteligencia al pasado personal para no extraer otra evidencia de tal auscultación que el valor exacto de cada vida en la perspectiva de su inevitable y mortal destino.

Al igual que la civilización puede hundirse en la barbarie y reiniciarse, en ella, la infausta historia del entusiasmo y el fanatismo, es decir, perder su anclaje en el orden universal y conformarse como *reino animal del espíritu*; la memoria puede transitar de un emoción legítima a otro viciosa, y desencadenar tormentas de imprevisibles consecuencias anímicas.

Gibbon habló de estas cosas en su historia del imperio romano bajo el sintagma de *religión y barbarie*. Habría sido esa *religión filosófica* que es el cristianismo la fuerza caótica que más influjo tuvo en la decadencia y caída del imperio romano. Este fue escrutado por el historiador británico con la filosofía moral de un ilustrado muy sensible a los equilibrios de un mundo civilizado y tolerante como era el antiguo mundo pagano y politeísta. La irrupción de una religión que no se limitaba a consagrar piadosamente las instituciones establecidas e inquiría, llevada por su entusiasmo filosófico, por la legitimidad de estas descompuso la máquina imperial al pincharla con el aguijón de la verdad.

Los filósofos, durante siglos, habían separado su búsqueda desapasionada de la verdad del reconocimiento, hipócrita o no, de los dioses de la ciudad. Con el cristianismo, esto cambió, según Gibbon, y la religión, de forma ritual de obediencia, pasó a ser un factor subversivo y desestabilizador, bárbaro en cuanto hacía de su fe una piqueta contra los equilibrios de la civilización, que siempre lo son en un alto grado de artificialidad utilitaria y pragmática.

Si relacionamos la secuencia histórica descrita por Gibbon con la reflexión final de sus páginas autobiográficas, cabe entender, en un sentido amplio y válido para este libro sobre los recuerdos, que estos pueden sufrir también la irrupción de fuerzas desestabilizadoras que quiebren el lugar asignado a la memoria. Del mismo modo que la religión, imbuida de certezas filosóficas sobre el carácter de la verdad, podía revolverse contra el mundo que ella misma había consagrado en su expresión menos filosófica y monoteísta, más piadosa y pagana; la memoria puede perder su sobriedad y transformar los recuerdos, de un piadoso entendimiento de la mortalidad del hombre, en una bárbara forma de religiosidad, en un culto de la belleza extralimitado y grandilocuente, en un sacerdocio oficiado desde las pulsiones más irracionales, como el pánico ante lo desconocido, la ignorancia supersticiosa, etcétera, las cuales acentuarían ese registro de lo sublime que linda con lo trágico, ampuloso y terrible, en las antípodas del registro acotado por las *Memorias de mi vida,* de Edward Gibbon.

De esa memoria insurgente que aparta al hombre de su lugar en el cosmos, de esos recuerdos embebidos ya no de una parca melancolía, sino, por decirlo así, de una melancolía activa y prodigiosa que arremete contra cualquier límite o equilibrio psíquico en la búsqueda del grial del sentimiento, lo que emanaría, en unión con ese sentido sacramental y sacerdotal de la memoria, sería el sustrato irracional que permea la naturaleza humana, y que siempre estará presente por ser indestructible.

La pulsión de belleza que puede adueñarse de los recuerdos es justo lo contrario de la sabia meditación de Gibbon al hablar de sí mismo. En contra de tantas y fascinantes búsquedas posteriores del tiempo perdido, el historiador británico en ningún momento transmite la impresión de estar tratando de hacer confesar a los recuerdos de su vida algo más que la trama empírica de los mismos, y su desenlace en un destino común en el que todas las vidas y memorias se terminarían abismando.

La poderosa restricción de la mortalidad, de la finitud y la contingencia, que se batió en retirada cuando los primeros cristianos inyectaron al mundo romano su vocación de trascendencia, no solo constituiría el vértice ilustrado de la vida civilizada, de lo que Hume llamó la *grosera mixtura terrestre*, al encarecer el hecho fundamental de que lo decisivo será siempre cómo nos tratemos unos a otros aquí y ahora, al margen de futurismos y expectativas milenaristas o de redención, sino, también, de los usos legítimos de la memoria, del hecho de buscar la belleza en el recuerdo sin que dicha energía o entusiasmo retrospectivo se nos termine yendo de las manos. Como la vocación de trascendencia o fiebre de verdad se les fue de las manos a los primeros cristianos, quienes contribuyeron a desarticular una sociedad juzgada por ellos como ilegítima, pero que había probado ser, durante siglos, útil y benéfica en sus efectos, aunque no perfecta y exenta de graves problemas y aberraciones.

FRENTE al civilizado trazo de Gibbon, lo que vendría a ser la religión de la memoria y el sacerdocio de la belleza en la estela del romanticismo, formas rituales y ceremoniales resultantes de convertir la propia vida en objeto de adoración, de trasladar a esta un aire de trascendencia e, incluso, de inmortalidad, como si los hechos del pasado personal, más allá de su prosaísmo, se revistiesen de sacralidad, dilucidándose en ellos desde la pureza hasta la redención, apuntaría no tanto a aquella religión y sacerdocio en cuanto responsables de esta caída en el *fanatismo del yo* como a la propia condición de la psique humana.

Los sacerdotes que se valen de la superstición para manipular a su feligresía existen porque, en la psique de esta, como en la de cualquier grupo humano, hay una predisposición irracional a dejarse dominar que se explaya en emociones de miedo, pánico, impotencia y debilidad sustentadas en la ignorancia y el sobredimensionamiento de lo desconocido. Estas emociones *sacerdotales y religiosas* avivan también el fuego de la memoria, y hacen arder entre los recuerdos la belleza esculpida con avatares de la imaginación que, cual espíritus animales, ascienden desde las capas más oscuras de lo que somos. Sin estas emociones, posiblemente, no habría nada grande, ni eximio en el horizonte de las creaciones del hombre, pero son esas mismas emociones las que dejan un sabor amargo al observarse de qué fondo de sinrazón emerge la energía no solo de la superstición y la violencia moral, sino, también, del arte, la literatura y el pensamiento. Nada grande y eximio se encuentra libre de turbiedad e irracionalidad, de esas emociones *sacerdotales y religiosas* a las que antes nos referíamos.

*

COMO se puede comprobar al hilo de la reflexión propuesta, en el caso de la belleza del recuerdo, todo resulta ambiguo.

Gibbon encarnaría una meditación sobre esta cuestión que conduce a afrontar, desde la sobria renuncia de un ilustrado de raigambre estoica, una idea no estetizante de la memoria. El trasfondo de esta renuncia, que, en una sociedad tan emotivamente memoriosa como la nuestra, nos deja perplejos, espero que haya quedado suficientemente claro. Los recuerdos, como la religión, constituyen un arma de doble filo, y, al igual que en el caso de la última se debe buscar un tipo de creencia religiosa que fomente la obediencia civilizada al orden establecido antes que su bárbara y puritana subversión, en el de los primeros se ha de avalar una *narrativa interior* que evite pedir a estos algo más que una melancólica conformidad con nuestra mortalidad. Esta belleza basada en la renuncia, con su elaborada y desinflada dosis elegíaca, adquiriría su luz más distintiva, su residuo de esteticismo, precisamente en la objetividad del gesto espiritual que promueve, que lo es de pragmatismo antirretórico, de apuesta por la sobriedad en la concepción final de uno mismo, del destino humano.

Frente a esta línea clásica muy sensible a las novedades que pueda reavivar la historia del entusiasmo y el fanatismo, sea como nuevas y terribles religiones políticas o como usos pánicos y trascendentales de la memoria, la pregunta inquietante, una vez que se asume la fecundidad literaria y artística de escarbar en lo oscuro del alma, de ese romanticismo tan ajeno al temperamento de Gibbon, sería la pregunta por el significado que tiene hablar de *la belleza del recuerdo*, en el mismo sentido que, recordemos las prevenciones del historiador británico al respecto, tenía hablar de *la verdad de la religión*. Si esta fórmula desataba, en la mente de Gibbon, la imagen de *religión y barbarie*, la fórmula anterior, ¿nos empujaría a verterla en la imagen de *recuerdo y barbarie*?

A qué especie de barbarie nos referimos con la última imagen. Si la historia natural de la religión demostraría, en su valoración empírica del fenómeno religioso, que el paganismo alumbró un mundo más tolerante que el de las *religiones del libro*; en una hipotética historia natural de los recuerdos, ¿habremos de convenir que estos enseñarían su cara más estéticamente fecunda, pero también más social y anímicamente perturbadora al hacerlos depositarios de esa trascendencia o fe sustitutiva a la que hemos dado el nombre de belleza en la cultura moderna?

Cuando la religión no estaba poseída por la pasión de la verdad y esta se circunscribía al magisterio esotérico de los filósofos, que nunca dejaron de estimar no para sus investigaciones, sino para el bien común la utilidad de los dioses, existía una atmósfera de piedad, obediencia y tolerancia. Y cuando los recuerdos no habían entrado en la ecuación romántica del genio, del yo, de la subjetividad sacralizada que aventura en la memoria un reino de la gracia, un equilibrio religioso entre pureza y redención, y no se desplegaba a través de ellos el regreso expiatorio y sanador al tiempo perdido, lo que existía eran anales, oradores históricos que hablaban de las glorias de la *polis*, de las grandes gestas de la ciudad, y del poder y la decadencia que termina arruinando el espejo magnífico de los grandes hombres y las memorables acciones del pasado.

No es casual que un historiador ilustrado como Gibbon, imbuido de lecturas y sentido clásico, dé una prueba tardía de esta vieja manera de conceptuar la memoria, tan alejada del romanticismo posterior, al conjugar su rol de orador del poder y la decadencia con el de memorialista de una vida *exenta de belleza*, de estética rememorativa, en cuanto inserta en una concepción estoica, fría y objetiva, del lugar del hombre en el cosmos. Si, según tal perspectiva clásica y antigua, los recuerdos se alían, en primer lugar, a los grandes hechos del pasado protagonizados por la *polis*, en los que radica su épica y su gloria, cualquier registro introvertido y autobiográfico que asuman deben hacerlo con la suficiente *discreción* como para no invadir el ámbito de la épica nacional mediante una melancolía filosófica y estéticamente persuadida de la verdad espiritual que atesora, y, por ello, convencida del valor que le permite competir con aquella épica como forma alternativa de discurso rememorativo en igualdad de condiciones.

Este entusiasmo de la subjetividad vendría avalado por una falsa y subversiva noción de la belleza, que asaltaría, como los primeros cristianos, la civilización antigua, que lo era también de la memoria, hasta destilar de los recuerdos una fiebre de efectos devastadores para los equilibrios anímicos del orden civilizatorio. Y para esa jerarquía según la cual los hechos y gestas de la ciudad resultaban incomparablemente más gloriosos y merecedores de recuerdo que cualquier vida individual, polvo que se lleva el viento ante los reinos de este mundo.

Cristianismo y romanticismo representarían, si se me permite el juego intelectual, sendos asaltos a la ciudadela mental del hombre antiguo, y de hombres modernos en su *antigüedad ilustrada* como Gibbon. Tal revolución abocó, si la juzgamos desde esa ciudadela mental, a emancipar la religión y los recuerdos de su férrea atadura a la piedad, la obediencia y unos relatos de los que la experiencia de la subjetividad había sido descartada por el simple hecho de que tal experiencia no existía en la mente de nadie.

Desde el momento en que los cristianos pidieron verdad a la religión, y los románticos, belleza a los recuerdos, la espina dorsal de la civilización antigua, cuya resonancia llega hasta finales del siglo XVIII, se partió. En esa encrucijada, Gibbon insufló en tal resonancia la atmósfera de modernidad de la filosofía moral de su tiempo, lo que le llevó a hacer un análisis ilustrado de las razones de la decadencia y caída del imperio romano, a juicio del cual los equilibrios pragmáticos y civilizados se verían amenazados, siempre y en todo lugar, por las cíclicas mareas del entusiasmo y el fanatismo.

Insisto en que la manera en que el historiador británico narró sus recuerdos expresaría indirectamente, a través de su estilo intelectual, un íntimo temor a aquellas mareas eternamente repetidas en la historia por la propia contextura de la psique humana. En su caso, negarse a extraer belleza de la memoria y abanderar un juicio sobriamente melancólico sobre el destino de la vida, la suya y la de cualquier otro, podría leerse como un gesto retórico a favor de la civilización y en contra de la barbarie.

*

Los estados melancólicos, tristes y errabundos alientan una disposición a dejarse embargar por el sentimiento pánico ante lo desconocido. Son esos estados de disolución los idóneos para poblar el espíritu de supersticiones, temores y augurios. Tradicionalmente, las castas sacerdotales han inducido esa vulnerabilidad extrema a la que predispone la psique humana, enclave dominado antes por la fantasía que por la razón, y en el que la suma de ignorancia e impotencia promueve una melancolía supersticiosa que puede llegar a transfigurarse en raptos incontrolados e incontrolables de entusiasmo.

Frente a este activismo fantasioso del estado melancólico, se alza una *melancolía filosófica* enraizada en el sentimiento contingente y finito de lo humano. De esta melancolía, como hemos tenido ocasión de comprobar en el caso de Gibbon, se deriva una visión contenida de la belleza del recuerdo, más contemplativa que activa en cuanto no trata de extraer de la memoria sino la conformidad con el orden de la vida y el lugar asignado al hombre en el cosmos.

Lo revolucionario y rupturista del romanticismo, ese *nuevo cristianismo* que asaltó la ciudadela mental del hombre ilustrado, consistiría en extirpar los estados mórbidos y melancólicos de la historia natural de la religión y transfigurarlos inopinadamente en el pináculo de un reino de la gracia al que se llamó cultura. Semejante transfiguración involucraba hacer de la melancolía antifilosófica y entusiasta, del activismo melancólico, de la superstición inherente a una tristeza errática y meditabunda, de la irracionalidad telúrica del miedo a lo desconocido y la manipulable ignorancia en que se sustenta dicho miedo el grial del sentimiento asociado a una idea quimérica y arrasadora de belleza.

Los *últimos cristianos* que eran los románticos se inspiraron en el gesto revolucionario de los *primeros cristianos* para destruir, en la reiniciada historia del entusiasmo, ya no un imperio, sino un estilo intelectual que pregonaba y encarecía las virtudes de la civilización. Estas se les presentaron a los activistas de la belleza como un pacto, consenso o equilibrio orientado a impedir que el alma humana cobrase conciencia de sus divinos poderes. No olvidemos que aquellas virtudes respaldaban un tipo filosófico de melancolía con el fin de evitar la deriva de esta a un tipo de emociones mórbidas y fácilmente manipulables.

Al hilo de esta transfiguración de la melancolía en un activismo sublime, antifilosófico e irracional, lo que se estaba deslizando era, ni más ni menos, que un nuevo sentido de la memoria y los recuerdos.

Si Gibbon, en las *Memorias de mi vida*, había descartado explorar las posibilidades estéticas de una tristeza errabunda dada la afinidad de este estado lánguido y enfermizo con la barbarie religiosa, su posteridad romántica fundaría los parámetros del arte y la literatura modernos precisamente en dicha exploración, amparándose para ello en que el vínculo de aquel estado con aquella barbarie podría tener un sentido en una perspectiva civilizatoria, pero ninguno en una clave de radicalismo cultural. Es decir, que los románticos, al extirpar los estados melancólicos de la historia natural de la religión, de la anatomía escéptica del hombre religioso y las formas históricas de dominación sacerdotal, y al insertarlos en ese nuevo reino de la gracia que encarna la cultura, atribuyeron a tales estados lánguidos y quiméricos, mórbidos y paralizantes una jurisdicción espiritual, una autonomía propia que los redimió de su desprestigiada concepción ilustrada.

De esta manera, lo mórbido adquirió una pátina de respetabilidad al situarse en el vértice superior de la jerarquía de los estados anímicos. Y, junto con ello, se le dotó de un carácter productivo y activo, como si en lo previamente identificado con la ignorancia, el miedo y la debilidad se descubriese, por obra de los *últimos cristianos*, la verdad salvadora y sanadora de la cultura, erigida en fortín frente a la fealdad y grisura de una civilización de humo y vapor; filistea, burguesa y utilitaria.

La belleza del recuerdo remite a un acto de ingeniería cognitiva por medio del cual se atribuyó a la melancolía y, en fin, a las emociones retrospectivas que desata la memoria el pedigrí de un conocimiento transformador y revolucionario. Lo que, al respecto, no conviene olvidar es que, pese a esta operación psíquica, y la pátina de prestigio y legitimidad estéticas que la envolvió, el fondo emocional de la belleza del recuerdo seguía girando en la órbita de la historia natural de la religión. Esto es, que, a pesar de la acción legitimadora ejecutada por los románticos, el activismo y entusiasmo que promueve la melancolía no dejan de ser emanaciones supersticiosas e irracionales del espíritu humano, de la zona, por decirlo así, más expuesta, oscura, vulnerable y comprometida de este.

El instinto y buen sentido de Gibbon le llevó, por inclinación natural, a apartarse de un sentimiento melancólico que fuese algo más que una declaración de sobriedad filosófica. Todo lo que rebasase este marco de explicitación de dicho sentimiento estaba unido, en su pensamiento de historiador, a la barbarie religiosa de los creyentes que derrumbaron los equilibrios civilizatorios del mundo antiguo. Ahondar en aquel sentimiento a fin de transformarlo de distante y contemplativo en comprometido y activo sería hacerle el juego a la dinámica del entusiasmo, y amenazar de nuevo tanto el proceso de civilización como el lugar que el hombre tiene asignado en el cosmos.

Como resulta fácil comprobar a tenor de lo que llevamos dicho, los románticos llevaron a término una subversión contra la noción cósmica de orden, en la que Gibbon dilucidó la medida exacta de sus recuerdos en el sentido final de su vida como expresión filosófica de mortalidad, contingencia y finitud. Que cabe entender, en su radiación estoica, íntimamente ligadas a las virtudes de la civilización. Estas, siempre prosaicas y mediocres, hallarían en los recuerdos un horizonte espiritual, reflexivo y resignado, que complementaría el carácter históricamente pedestre de la vida civilizada. Así como esta no permitía saciar, por sus mecanismos constitutivos, orientados a la utilidad por encima de cualquier otro objetivo, la sed de absoluto que puede llegar a experimentar el hombre; la memoria, incluso en la forma lacónica y contenida de Gibbon, era una vía para que dicha sed pudiese apaciguarse de un modo moderado, lejos de cualquier arrebato y fiebre poética.

Frente a este equilibrio ilustrado de raigambre estoica entre el mundo y el alma, los románticos, con su idea subversiva de cultura y belleza, avalaron un entendimiento de la memoria y los recuerdos que atendiese la sed de absoluto del hombre liberada de cualquier rémora clásica y civilizada. Mortalidad, contingencia y finitud fueron sustituidas, en la ecuación romántica, por el carácter proteico de los sentimientos, una arcilla que, en esta nueva perspectiva, según este activismo estético, ya no era vista como manipulable por una casta sacerdotal, sino como materia de una creación y recreación infinitas por parte del artista.

El oído romántico había dejado de percibir, en la melancolía de los recuerdos, un estado de morbidez idóneo para la dominación sacerdotal, y lo que detectaba en aquella era su condición de estado anímico propiciador de la obra maestra, de la obra inmortal, de las potencias del genio creador. Justo el tipo de superstición, estética en este caso, que Gibbon había proscrito de sus *Memorias de mi vida* amparándose en el ejemplo suministrado por la barbarie de *aquellos románticos de otro tiempo* que fueron los primeros cristianos, poseídos por *la verdad de la religión*, así como sus sucesores lo estarían por *la belleza del recuerdo*, una y otra narcóticos para la mente del hombre que no es capaz de emanciparse de sus estados mórbidos y melancólicos. En los que Gibbon siempre vio una amenaza no solo para la civilización, sino también para una justa apreciación de los destinos humanos.

VII

LA MAGDALENA DE PROUST

RESULTARÍA equívoco, por fácil, ligar la melancolía filosófica de Gibbon con el discurso contrarrevolucionario del sátiro de Hipona, y el entusiasmo retrospectivo y subversivo de los románticos con el de la hermosa sindicalista. Tampoco creo que exista ninguna afinidad entre la obsesión de Joe por abandonar su patria con el gesto rupturista de cristianos y románticos. Del mismo modo que la desorientación del alter ego de Singer entre dos mundos precipitándose en direcciones contrarias poco tenga que ver, en el fondo, con la resignación reflexiva que abanderaría el moderno estoicismo.

En estas cosas, nada es lo que parece y a todo se le puede dar la vuelta. De ahí que islas, discursos y morales, en su dualidad, deban fijarse en la indeterminación final de aquello que sugieren. Al igual que los recuerdos, cuya tierra prometida termina siendo un espejismo, un castillo en el aire que se disuelve entre las manos a poco que forcemos su resonancia con el fin de captar lo que esta encierra.

*

VIVIMOS en un mundo que ha hecho de los recuerdos un salvoconducto de pureza sentimental, autenticidad y empoderamiento. Las industrias de la nostalgia acaparan el mercado de las emociones, al tiempo que se instalan en la sociedad hábitos tan confusos como rastrear en las redes sociales las huellas de antiguos compañeros de colegio o buscar aquel objeto fabuloso de la niñez en saldos de todo a cien.

Reconozco haber sucumbido a la seducción que ejercen las cosas perdidas, los rostros del pasado, la atmósfera que cubre de misterio a ese niño, a ese adolescente, a ese joven a punto de cruzar la línea de sombra que fuimos, o que creemos haber sido. Con vergüenza, puedo constatar que yo también he dedicado mis ocios, que no suelen dar demasiado de sí y tienden a ajustarse irremediablemente a las pautas del común de los mortales, a buscar en tiendas superferolíticas, de esas que ahora proliferan en barrios gentrificados, unas zapatillas deportivas con las que jugaba al fútbol de niño.

Las encontré, eran iguales a las que tuve, regalo de uno de mis tíos por Navidad, pero, siendo iguales, eran diferentes. Copia de un original al que se parecían mucho, sin llegar a ser idénticas al vestigio que despuntaba en mis recuerdos. Aun así, las compré, y hoy las exhibo en mi salón como un objeto decorativo más, sin que sea capaz de resolver la tensión que me depara saber que son zapatillas trabucadas, un espejismo emocional, lo mismo y lo otro. Siendo esta otredad que encarna un objeto tan íntimamente ligado a su primera materialización lo que ha llegado a perturbarme de un modo excesivo. Como si el objeto *vintage* supurase, en su carácter de bien adulterado y manipulador, la esencia misma del recordar, de las trampas y errores que induce el hecho de hacer memoria.

En otro de mis ocios vergonzantes y anodinos, invertí toda una tarde en contactar con los viejos amigos del colegio donde cursé la EGB. Las redes sociales, como las tiendas superferolíticas, alimentan estas fugas al limbo del pasado. El estado en que uno se encuentra tanto en unas como en otras es el mismo: la concupiscente emoción de *tocar* algo que ya no existe en la esfinge de un rostro o un objeto. Al igual que con las zapatillas, me topé con palabras de gente como yo arrebatadas por la nostalgia bastante tontorrona del «¿te acuerdas de?». De aquel profesor gordo que pegaba con un regla de madera en las palmas extendidas de sus díscolos alumnos, de aquella maestra santurrona que, con la fotografía de los reyes al fondo, hacía rezar a la clase un padrenuestro matinal, de aquellos balas perdidas que andaban todo el día planeando gamberradas de baja intensidad que entonces parecían el cénit de los descarriados.

Aquella tarde pasada tecleando en el ordenador sentimientos retrospectivos ante presencias invisibles se convino por parte de los nostálgicos quedar en un bar del centro. Me sumé como una oveja a la propuesta por mi docilidad connatural, y por el cebo emocional que representaba volver a verse con quienes ya solo éramos hebras desmadejadas de la memoria de cada uno.

Fui al bar la noche de autos. En una mesa situada lejos de la barra, en un reservado oscuro y prometedor, observé un grupo paritario de hombres en su mayor parte calvos y gordos, y de mujeres muy arregladas, como si acabasen de salir de la peluquería. Uno de ellos me divisó con notorio entusiasmo y gritó el apelativo por el que todos me conocían en el colegio. «Caníbal, ven aquí hombre, que ya hemos empezado con las copas». Así me llamaban porque un día, en el patio, estrellé el balón contra la canasta con tal fuerza que el tablero se resquebrajó. Ya saben que, entre niños, estas pruebas de fuerza se quedan grabadas a fuego y constituyen el estereotipo a partir del que seremos recordados.

El caníbal, de repente, se convirtió en una oveja y, ante la visión de aquel grupo paritario en el que no reconocía a nadie, salió a escape del bar, pudiendo oír en su huida un exabrupto femenino: «Cagado de mierda. Y yo que venía solo por él».

Con estos mimbres absolutamente patéticos, sabiéndome poseído por la droga infame del recuerdo, cómo aventurarme a extraer belleza de lo que, en el fondo, no pasa de ser un extravío sentimental que ocasiona en el espíritu desarreglos de muy difícil gestión. Pues uno busca, como cualquier hijo de vecino, respuestas en el pasado que sirvan para frenar la deriva de la madurez al nirvana sofocante de las rutinas, de lo consabido, de la reiteración exacta, en cada momento de la jornada, de la misma expectoración de residuos y de la misma inhalación de banalidades.

¿Belleza del recuerdo, en el recuerdo, a través del recuerdo?

No sé, no sé, déjenme que me lo piense. Veamos, en el recuerdo, si soy justo conmigo mismo, solo veo perdición e insustancialidad, un reto que no nos lleva a ninguna parte, una intensidad que termina no siendo más que un odre lleno de viento. Ahora bien, establecido este punto, ratificado por mi naufragio en la pasión retrospectiva y sus tentaciones, quedaría por investigar a partir de qué punto la nostalgia muta en melancolía.

*

Toda época tiene su particular quebradero de cabeza. No quisiera ponerme pedante, pero en aquel siglo maravilloso que fue el XVIII se debatió mucho sobre la cuestión de si toda forma de *lujo* es viciosa o si existen practicas consumistas de bienes que no son de primera necesidad que puedan tildarse de inocentes e, incluso, de morales y útiles para la felicidad pública.

Creo que, en nuestra época, cabría plantearse una polémica entre la forma viciada y nostálgica del recuerdo, tan proclive a la industrialización de las emociones, un bien de consumo como cualquier otro, un auténtico *lujo* del mercado, y la forma literaria y melancólica del recuerdo. Mi pregunta es si, probada la existencia de la primera, cabría delimitar un espacio reconocible para la última. Cuestión que linda con el hecho de si el recuerdo puede ser algo más que una mercancía y convertirse en fuente de belleza. Y esta, con su prestigio estético, redimir a la nostalgia de su caída en los vicios del lujo y transformarla en la inocente melancolía de un hombre que ha sabido reconducir su pasado a un territorio liberado de patetismo, del vacuo entusiasmo que conduce a comprar objetos trabucados o a reunirse con viejos amigos irreconocibles y extraños.

¿Cómo, en una sociedad como la actual, destilar resonancias sólidas y no pueriles de nuestra vida, de los pasados que encierra? ¿No es recordar una trampa y, como tal, una deflagración que halla su lugar en el mercado de las emociones, es decir, en el contrabando y la falsificación de lo que, en sí mismo, carece de autenticidad?

Los escritores nos dicen que la memoria es el suelo de la imaginación. De acuerdo, pero para quien no es escritor, cuál es el valor de sus recuerdos. ¿O habremos de reconocer que, si falta la imaginación, solo hay saldos de belleza y, por tanto, nostalgia, mas no melancolía? ¿Cabe la melancolía en una cultura disgregada como la hoy hegemónica o esta, por su fragmentación irreparable, invalida la posibilidad de que el recuerdo sea algo más que un pozo sin fondo para los nativos digitales?

Yo no soy un nativo digital, pero asumo la quiebra de una cultura común del tipo de la que aún existía, para no irnos demasiado lejos, cuando únicamente había dos canales de televisión. Mi pregunta es si, en tales condiciones de dispersión y fragmentación tan pintiparadas para la voracidad del mercado, el recuerdo constituye inevitablemente un error y aboca necesariamente a perder el tiempo con el tiempo perdido o si el recuerdo, incluso en tales condiciones, puede deparar belleza, un verdadero y no torticero goce estético, y declinarse en una clave antes melancólica que nostálgica.

Por cierto, cuál es la diferencia entre ambas claves. Me atrevería a decir que la nostalgia es recuerdo en bruto, y la melancolía, recuerdo elaborado. Pero esta diferencia que he tenido muy presente durante muchos años a fin de atribuir una pátina de respetabilidad a los ayeres de mi vida se me ha terminado viniendo abajo una vez que he constatado a qué perdiciones tan baladíes me terminaba llevando lo que yo calificaba, con acentuado elitismo, como melancolía, que creía vinculada a una cierta y singular jerarquía de los estados anímicos. Detrás de la cual, he de reconocer con pesadumbre, solo había la grandilocuencia de un poetastro persuadido de ser un poeta. De nuevo aquí, al igual que en el caso del mercado y la nostalgia, se percibe una trampa o adulteración. En este caso, la vehiculada por el prestigio estético de la melancolía, cuya llamada lo es de perdición para merluzos como yo que fueron subyugados por el fulgor de sus recuerdos. Tan, en el fondo, disolvente como pueda serlo la emoción retrospectiva de comprarse unas zapatillas *vintage*, o buscar a los antiguos compañeros de colegio en las redes sociales.

Si se descarta la imaginación porque uno no es escritor, ¿solo nos queda reconocer que los recuerdos constituyen una celada para incautos?

Vivir sin recordar parece de todo punto desaconsejable, y vivir con la intensidad del pasado a flor de piel, también. ¿Cómo gestionar esta intensidad que, a poco que nos esforcemos en cultivarla, puede volverse ridícula?

Que los recuerdos suenen falsos, y se inclinen a la banalidad de la nostalgia, antes que a la singularidad de la melancolía, demostraría que el pasado no deja de ser una excrecencia que se ha hecho acreedora de los peores denuestos contra el vicio de recordar.

Me gustaría añadir al respecto, como ampliación de esta línea argumental un tanto escéptica y desilusionada, tan desconcertante quizás en un libro que se titula como se titula este, que, en mi barrio, hace poco abrió una panadería con aires *hipsters* donde se ofrecen los productos esperables, ni mejores ni peores que en otras panaderías, pero, eso sí, envueltos en una aureola de masa madre de altos vuelos que permite hinchar los precios. Como si dicha aureola le diese un plus a la barra de pan o a la palmera de chocolate en forma de gratificación simbólica. La mentada panadería se hace llamar, sin asomo de remordimiento, *La magdalena de Proust*.

No me digan ustedes que no tenemos un problema con los recuerdos y su elusiva belleza.

*

La alianza romántica entre los recuerdos y la belleza, que tan cargada está de consecuencias poliédricas difícilmente armonizables entre sí (subversión contra el orden clásico, apertura de posibilidades a la imaginación literaria y artística, irrupción de una subjetividad sin punto de equilibrio anímico, ni lugar reconocible en el cosmos), hoy en día, en sociedades turbocapitalistas como las nuestras, no puede deslindarse de la siguiente y quizás paradójica ecuación. Así como la suma de *religión y verdad* llevaba a la probabilidad del fanatismo, la de *recuerdo y belleza* conduce históricamente al mercado, a ese capitalismo de emociones que actualmente configura nuestro estilo de vida.

No deja de ser llamativo que la revuelta romántica a favor de la subjetividad y de la consagración del tiempo perdido como reino de la gracia, de la pureza y la redención del yo, por las vueltas y revueltas de la historia, haya terminado engrasando los deseos que manufactura y sacia la lógica de un mercado omnívoro.

Quién se atrevería a descartar que, tras las industrias de la nostalgia, de lo *vintage* y del hábito un tanto delirante de contactar con los viejos amigos del colegio en las redes sociales, entre otras prácticas de la memoria en tiempos de hiperconsumo, no se aventure, en bruto, con poca elaboración, más nostálgico que melancólico, ese deseo de la belleza retrospectiva que parece aguardarnos en los rincones perdidos de nuestro pasado.

No seremos Proust en busca del tiempo perdido, pero sí consumiremos el olor y el sabor de su famosa magdalena en una panadería posmoderna cuyo evocador nombre es *La magdalena de Proust*. Y, con ello, de esta manera vicaria, para muchos elitistas, despreciable por sustituir lo excelso (el libro) por lo material (el bollo), aunque el bollo lo comamos saboreando las delicias del libro que nunca leeremos, ¿no estaremos contribuyendo a reinsertar los recuerdos en el mecanismo de la civilización después de su largo viaje por los oscuros desfiladeros de una subjetividad indómita?

Lejos de mi intención defender, en el sentido de aprobarlo y reconocerlo como bueno, el hecho de que el capitalismo haya desactivado, como parece que ha hecho, el peligroso aguijón del romanticismo y su idea exaltada de la memoria al engrasar esta, y la belleza del recuerdo, como una tolerante y pedestre actividad de consumidores de emociones, no tan diferente de la tolerante y piadosa actividad de *consumidores de creencias religiosas* del mundo precristiano. Solo estoy afirmando que un ilustrado como Gibbon, ante esta salida imprevista de la civilización respecto de las fuentes eternas del entusiasmo, seguramente, a su modo contenido y lacónico, no hubiese podido dejar de esbozar una sonrisa. Pues si los tiempos ya no están para elucubrar, por medio de los recuerdos, sobre la mortalidad y finitud de todo lo humano, al menos, sí lo están para que el filo de la belleza no los arrastre a otro desvarío que el de comprar un dulce sabroso y evocador en *La magdalena de Proust*.

¿Podríamos olvidar que la cultura, y la belleza, se hallan más cerca de la barbarie que la civilización precisamente porque aquellas no se ligan a conductas mediocres y prosaicas, como la segunda, sino que emanan de fuentes oscuras e irracionales?

VIII
JUGUETE PROHIBIDO

Los recuerdos pueden incendiar la imaginación, o serenar el espíritu; promover rutas corsarias, o resguardarse bajo el árbol del oscurecer.

Esta dualidad de la memoria transforma la vida en un acertijo o dilema de complicada resolución. Los recuerdos invitan a la misma porque la vida, si no, quedaría abierta. Sin embargo, dicha apertura sitúa aquella dualidad en su espacio natural, la de una intensidad que irradia sobre las cosas el mismo desorden que se adueña de un niño cuando sospecha que los Reyes no existen.

Esa zona gris entre la credulidad y el caerse la venda de los ojos es a la que pertenecen los recuerdos en cuanto ensambladores de lo efímero.

Una vida de poco vale si no recibe el resplandor de la memoria, de sus emblemas y misterios.

Pero semejante laberinto de hechos reales e irreales solo puede alumbrar las sensaciones inquietantes y perturbadoras que lo constituyen si se infunde a los recuerdos el ultramundo de otras vidas y destinos; de lecturas, películas, etcétera.

Igual que los buenos escritores reproducen en su obra los modelos literarios que han interiorizado, las retóricas del sentimiento y la introspección que, para ellos, dan cuenta de los abismos del alma humana; la memoria, el acto de recordar resulta todo menos inocente e ingenuo. Pues, al realizarlo, la fotografía del pasado que evocamos desencadena en nuestra mente una variada gama de resonancias ligadas a muchas otras cosas que lo retratado en dicha fotografía. Me atrevería a decir que, así como las aguas de un río no pasan nunca por el mismo sitio, ningún recuerdo es el mismo a lo largo del tiempo. Por la razón de que la gama de sensaciones asociadas a él está abierta a la influencia que opera sobre ella nuestra experiencia de lectores y espectadores.

La mente inquieta conserva el acertijo de vivir en la exacta medida en que vuelca sobre los recuerdos el oficio de sus perdiciones, de sus obsesiones y desorientaciones, de su soledad y marginalidad; su condición orgullosamente vagabunda y quimérica.

De poco vale una vida si se la arrastra hasta el fin, decía uno de los grandes personajes de Isaac Babel. La belleza del recuerdo radica precisamente en eso, en la voluntad de no arrastrar la vida hasta el fin, de solivantarla y agitarla con insistente credulidad hasta quedarnos en el borde mismo de un paralizante y resignado escepticismo. En esa zona gris del niño que, a punto de desvelar el secreto y atravesar la línea de sombra, cuando la venda ya ha empezado a caérsele de los ojos, aún se deja engatusar por la creencia en que los Reyes existen para hacer de su memoria un juguete prohibido.

La belleza del recuerdo se terminó de imprimir a finales de enero del 2024.

Fue escrito bajo la benéfica influencia de aquellos escaparates cuyos objetos pasaron desapercibidos al niño que fuimos, pero que, en cambio, han hecho soñar a generaciones enteras con la patria perdida.